BEI GRIN MACHT SICH IHR WISSEN BEZAHLT

- Wir veröffentlichen Ihre Hausarbeit, Bachelor- und Masterarbeit

- Ihr eigenes eBook und Buch - weltweit in allen wichtigen Shops

- Verdienen Sie an jedem Verkauf

Jetzt bei www.GRIN.com hochladen und kostenlos publizieren

Franz-Josef Auernigg

Semantische Netze

GRIN Verlag

Bibliografische Information der Deutschen Nationalbibliothek:

Die Deutsche Bibliothek verzeichnet diese Publikation in der Deutschen National-
bibliografie; detaillierte bibliografische Daten sind im Internet über http://dnb.d-
nb.de/ abrufbar.

Impressum:

Copyright © 2005 GRIN Verlag GmbH
Druck und Bindung: Books on Demand GmbH, Norderstedt Germany
ISBN: 978-3-638-70702-2

Dieses Buch bei GRIN:

http://www.grin.com/de/e-book/43500/semantische-netze

GRIN - Your knowledge has value

Der GRIN Verlag publiziert seit 1998 wissenschaftliche Arbeiten von Studenten, Hochschullehrern und anderen Akademikern als eBook und gedrucktes Buch. Die Verlagswebsite www.grin.com ist die ideale Plattform zur Veröffentlichung von Hausarbeiten, Abschlussarbeiten, wissenschaftlichen Aufsätzen, Dissertationen und Fachbüchern.

Besuchen Sie uns im Internet:

http://www.grin.com/

http://www.facebook.com/grincom

http://www.twitter.com/grin_com

Seminar aus Informatik
LVA-Leiter: Elmar Eder

Semantische Netze

Franz-Josef Auernigg, Bakk. Techn.

Universität Salzburg
Institut für Computerwissenschaften
Jakob-Haringer-Straße 2
A-5020 Salzburg

23. Juni 2005

1

Inhaltsverzeichnis

Abbildungsverzeichnis

Zusammenfassung

In dieser Arbeit werden verschiedene formale Ansätze zur Modellierung von Semantischen Netzen, sowie deren Bezug zu semantischen Relationen aus der Linguistik präsentiert.

Im ersten Kapitel wird eine Einleitung zu dem Thema gegeben bei der die Motivation und die Ziele Semantischer Netze erläutert werden. In der Folge wird eine linguistische Herleitung zu Semantischen Netzen gegeben und wichtige formale Aspekte zur Beschreibung von semantischem Wissen präsentiert.

Im zweiten Kapitel werden sechs Typen Semantischer Netze abgehandelt und dazu kleine Modellierungsbeispiele gegeben. Die Formalismen dieser Netze werden dabei größtenteils über die Logik erster Stufe aufgebaut.

Im dritten Kapitel wird ein Typ von praktisch angewandten Netzen präsentiert, die KL-ONE Systeme. Eine Implementierung eines KL-ONE Systems - Classic - wird im Anschluss in groben Zügen beschrieben.

Kapitel 1

Einleitung

Diese Einleitung wird die Ziele von Semantischen Netzen und deren Ursprünge in der Linguistik abhandeln. In der Folge werden Formalismen zur Modellbildung und Kriterien zur Unterscheidung von Semantischen Netzen präsentiert. Zu Beginn wird ein Beispiel eines Semantischen Netzes präsentiert. Dies soll dem Leser eine grobe Vorstellung darüber liefern, wie ein solches Netz aussehen kann.

1.1   Was ist ein Semantisches Netz

Das Semantische Netz aus Abbildung 1.1 basiert auf einem Kollokationsgraph und ist auf der Internetseite der Universität Leipzig verfügbar.

Hier wurde der Begriff Hund abgefragt, worauf das Ergebnis geliefert wird, dass ein Hund ein Tier ist, dass er bellt oder verwandte Tiere wie die Katze. Die einzelnen Begriffe stehen also alle mit Hund in Verbindung. Bei Kollokationsgraphen bedeutet das, dass sie mit einer bestimmten Häufigkeit im gleichen Satz vorkommen. Dieser Ansatz wurde gewählt, da es für den Aufbau eines solchen Graph's relativ einfach ist. Bei der Abfrage in solchen Netzen kann auch frei gewählt werden, wie weit entfernte Begriffe angezeigt werden sollen. [2]

1.2   Ziele

Die Ideen zu Semantischen Netzen waren ursprünglich davon motiviert Modelle für die Sprachverstehens- und Sprachproduktionsforschung zu bilden. Dabei kommt es natürlich darauf an, wie Wissen repräsentiert wird. Die gebildeten Modelle und die verschiedenen Wissensrepräsentationen wurden bald auch dazu verwendet, um Textübersetzer zu bauen.

Doch zur Textübersetzung ist nicht nur ein bestimmtes Lexikon nötig sondern auch ein Mindestmaß an Allgemeinwissen, dass im semantischen Netz abgelegt

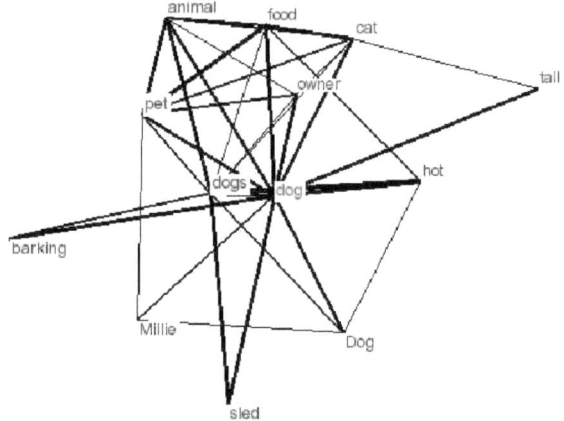

Abbildung 1.1: Kollokationsgraph für "dog" [2]

sein sollte. Ist dieses Wissen sehr umfangreich und bestehen auch die nötigen Inferenzmechanismen zur Auswertung und Nutzung des Wissens ist die Idee sehr naheliegend Künstliche Intelligenzen zu schaffen, die mit so einer Informationsbasis agieren können.

Ein weiteres Ziel wäre die Informationsflut die heute im Internet vorherrscht mit Semantischen Netzen zu bezähmen. Die derzeitigen Suchmaschinen stellen eine einfache Weise dar Inhalte zu filtern, doch könnte die assoziative Suche schneller zum gewünschten Ergebnis führen.

Informationen sind durch Texte linear aufgebaut und können dadurch auch nur linear vermittelt werden. Eine nicht lineare Wissensabfrage und Wissensorganisation wäre daher vorteilhaft.

Die Verwaltung von Wissen wird speziell in größeren Firmen immer wichtiger, da der Informationsaustausch zwischen den Abteilungen effizient durchgeführt werden sollte. Dazu sind auch effektive organisationsweite Informationsportale nötig, die Wissensverwaltungssysteme, wie semantische Netze verwenden. Mit Synergiemanagement wird erreicht mit einer Grupp von Menschen effektiv zu arbeiten. Dazu ist effizientes Kommunizieren nötig, was auf Basis gemeinsamer Ontologien erreicht wird. Unter Ontologie wird hier verstanden, Arbeitsprozesse formal als Konzepte und deren Relationen untereinander darzustellen.

Schlussendlich bieten semantische Netze die Möglichkeit, Zusammenhänge unter einem bestimmten Kontext schneller zu erkennen. [11, 9]

1.3 Semantische Relationen in natürlicher Sprache

Da sich semantische Netze an der Verarbeitung natürlicher Sprache orientieren, wird in diesem Kapitel auf die Erkenntnisse und Modelle der Neurolinguistik bei der Sprachverarbeitung eingegangen.

Bereits 1861 führte Paul Pierre Broca bereits Untersuchungen durch, bei denen er ein Areal des Gehirns - heute Broca Areal genannt- mit der Sprachverarbeitung in Verbindung brachte. Der untersuchte Patient hatte zu Lebzeiten eine Broca Aphasie, welche sich durch einen extrem agrammatischen Satzbau und einer verlangsamten Sprachproduktion mit großer Sprachanstrengung kennzeichnete.

Wernicke entdeckte 1874 ein Areal, das er bei Beschädigung für ein schlechtes Sprachverständnis und für eine schlechte Sprachproduktion verantwortlich machte. Die betroffenen Patienten können zwar Sprache mit normalem Sprachrythmus produzieren, die Syntax wird jedoch nicht beachtet und die Wörter haben keine wahrnehmbare Bedeutung. Diese Aphasieform wird neben Wernicke-Aphasie auch Jargon-Aphasie genannt.

Diese Entdeckungen führten zu der Idee Sprache neuronal zu lokalisieren und zur Bildung von Modellen der Sprachverarbeitung.[10, 1]

Um die Modelle Nachweisen zu können stehen heute Methoden, wie EEG und FMRI zur Verfügung, mit denen Gehirnaktivitäten lokalisiert werden können.

Bei der EEG-Messung wird nur oberflächlich eine Messung mit durchgeführt. Dabei werden die offenen elektrischen Felder gemessen, die durch die parallel angeordneten Neuronenstränge im Gehirn zu Stande kommen. Die räumliche Lokalisation der Potentiale der Gehirnbereiche wird über die Potentialunterschiede zwischen den verschiedenen Messpunkten berechnet.

Bei FMRI-Messungen werden mittels Computertomographie magnetische Ströme im Gehirn gemessen und zu 3-dimensionalen Bildern ausgewertet.

Mit den genannten Techniken werden in der Sprachforschung während dem Präsentieren von Sätzen Messungen durchgeführt. Die folgenden beiden Sätze unterscheiden sich durch die Art des Fehlers, nämlich eines syntaktischen- beim ersten und eines semantischen Fehlers beim zweiten Satz.

„Der Honig wurde im aufbewahrt."
„Der Honig wurde im Keller ermordet."

Die Auswertung der EEG-Messungen ergab, dass eine Verletzung der Syntax mit einer negativen Auslenkung nach 162 Millisekunden und die semantische Verletzung mit einer negativen Auslenkung nach 552 Millisekunden in Verbindung gebracht werden konnte. Bei einem Wert zwischen 250 und 600 Millisekunden wird in der Neurolinguistik von einer „N400"-Komponente in den Messdaten gesprochen, welche für semantische Verletzungen charakteristisch ist.[10]

Beim Logogen Modell steht die Verbindung der Verarbeitung von Sprache und Schrift im Zentrum. Demgemäß werden die Wörter beispielsweise eines Satzes zuerst in einem auditiven Eingabelexikon nachgeschlagen, über ein kognitives System semantisch verarbeitet und die Antwort über ein Ausgabelexikon ausgegeben. Das Ausgabelexikon kann ebenso wie das Eingabelexikon von phonologischer oder orthographischer Natur sein, also auf akustische oder schriftliche Art interpretiert werden.

Das im Zentrum des Logogenmodells stehende gemeinsame kognitive System ist auch Sitz der semantischen Verarbeitung. Die Ein- und Ausgabe Lexika werden im allgemeineren Sinn auch mentale Lexika genannt. Sie enthalten Wortgruppen, Wörter und Morpheme - die kleinsten Einheiten der Sprache.

Die Idee hinter mentalen Modellen ist, dass zwischen den Einträgen des mentalen Lexikons Relationen bestehen. Diese Relationen bilden in der Folge ein Semantisches Netzwerk. Ein mentales Modell gebildet zu haben, bedeutet außerdem, die funktional relevanten Dinge eines Sachverhalts zu repräsentieren und die Wahrheitsbedingungen von Sätzen zu eruieren bzw. den Wahrheitswert unter den gegeben Umständen der Umwelt zu kennen. [10]

Eine Gruppe von Untersuchungen beschäftigt sich mit der Plausibilität von Sätzen. Dabei geht es um die Erwartungshaltung beim Lesen eines unvollständigen Satzes. In der Abbildung 1.2 haben die möglichen fortführenden Wörter drei unterschiedliche vom Kontext und vom Betrachter abhängige Wahrscheinlichkeiten, welche mit der Stärke der Auslenkung der N400 korrelieren. Diese Abstufungen der Wahrscheinlichkeit werden auch mit Kontextsensitivität bezeichnet.

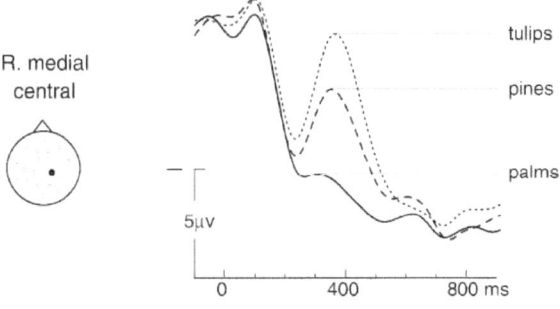

Abbildung 1.2: Plausibilität von Sätzen [10]

4

Der bei dem Experiment aus der Abbildung 1.2 präsentierte Satz lautet:

„Sie wollten das Hotel so gestalten, dass es an einen tropischen Ort erinnert. Darum pflanzten sie entlang der Straße …"

Den Versuchspersonen wurde als Fortführung des Satzes nun entweder „Tulpen", „Pinien" oder „Palmen" präsentiert, was wie oben beschrieben in einer unterschiedlich starken Auslenkung der N400-Komponente resultierte. Dieses Experiment liefert einen weiteren Hinweis darauf, dass semantische Relationen existieren und im psycholinguistischen Sinne mit welchen Messkomponenten sie korrelieren. [10, 3]

Zwei weitere Formen semantischer Verbindungen sind Ana- Kataphorische Relationen. Sie verbinden Sätze, wie im folgenden Beispiel zu erkennen ist.

„Kennst du Heinz? Der ist mein bester Freund."

Dies ist ein Beispiel für eine Anaphorische Relationen, also mit zurückweisendem Charakter des Wortes „der". Die Kataphorische Relationen bilden analog mit einem vorausweisenden Charakter eine weitere Möglichkeit der Wiederaufnahme des Kontextes und kann ebenso mit einer Proform, wie im Beispiel, als auch mit Substantiven, Pronomen, Adverbien, Adjektive und Verben erreicht werden. Eine Verletzung solcher Relationen ruft eine N400- und P600-Komponente hervor, worauf hier aber nicht näher eingegangen werden soll. [3]

Relationen existieren nicht nur zwischen Sätzen, sondern auch zwischen Wörtern des mentalen Lexikons. Mit Antonymen werden gegensätzliche Wörter wie „schwarz - weiß" bezeichnet. Wurde zuerst „schwarz" gelesen ist das gegensätzliche Wort „weiß" leichter abrufbar. Dies zeigte sich in Versuchen bei denen Testkandidaten Antonyme und keine Antonyme wie „schwarz-gelb" präsentiert wurden. Worte die keine Antonyme waren, ergaben eine Negativierung. Bei nicht relatierten Wörtern z.B. „gelb-nett" wird eine erhöhte N400 gemessen. Antonyme sind also ein Beleg für die Existenz von semantischen Relationen.[12, 3]

Die dazu entgegengesetzten Relationen sind Synonyme, wie zum Beispiel „Orange" und „Apfelsine". Zu den Relationen der Hierarchischen Strukturen gehören die Hyponyme und die Hyperonyme. Ein Vogel wäre beispielsweise das Hyponym von Tier und Tier ist das Hyperonym von Vogel.

Mit der Meronymie werden „Teil-Ganzes"-Beziehungen ausgedrückt, wie zum Beispiel „Arm-Körper". Auch Verbkonzepte stehen in einem logischen Zusammenhang, wie zum Beispiel „gelingen – versuchen". Diese Relation wird als Implikationsbeziehung verstanden. Bei Kausationsrelationen werden lexikalische Resultate von Verben also wie bei „öffnen - offen" in Verbindung gebracht. Die beschriebenen Relationstypen werden in der Praxis beim semantischen Netz „GermaNet" angewandt.[12]

Semantische Netze werden auch unter dem Aspekt modelliert, dass Sätze schneller erfassbar sind, wenn zwischen den einzelnen Komponenten semantische Relationen existieren, wie bei folgendem Beispiel:

„Der Tischler sägt Holz."

Hier kann der Priming-Effekt beobachtet werden: Der Satz wird schneller verarbeitet, wenn zusätzliche semantische Information gegeben ist. Im letzten Beispiel aktiviert zum Beispiel das Subjekt „Tischler" ein semantisches Netz das eine starke Relation zu „Holz" hat. Das Objekt „Holz" kann schneller verarbeitet werden, da die dafür zuständige Neuronengruppe nahe der gerade aktivierten Gruppe liegt. Dabei hängt die Existenz von Relationen zwischen Worten nicht von deren Wortkategorie ab.

Auch indirekte Relationen wie etwa die Wortgruppe: „Hose-Hemd-Kragen", stehen mit dem Priming-Effekt in Verbindung. Die N400-Komponente hat bei indirekten Relationen eine etwas niedrigere Auslenkung als bei nicht relierten Worten. Die Höhe der Auslenkung kann in dem Sinne als Grad der Verwandtschaft von Wörtern gesehen werden.
[10, 3]

1.4   Formalismen zur Beschreibung semantischer Netze

Im Allgemeinen stellen semantische Netze eine Form der grafischen Wissensrepräsentation dar. Die Implementierung in Computersystem hat für die Verarbeitung von größeren Datenmengen natürlich wesentliche Vorteile. Die ursprünglich Intention mit semantischen Netzen war, natürliche Sprache zu verstehen, zu verarbeiten und zu produzieren, doch heute sind die Anwendungsgebiete breit gefächert.

Allen Arten von semantischen Netzen bestehen aus

- gerichteten Graphen, deren

- Komponenten/Knoten von verschiedenen, wohldefinierten Typen sind.

Sie bestehen also aus Knoten die mit Kanten verbunden sind, wobei der Typ jedes Knotens und jeder Kante genau definiert ist. Die Netze unterscheiden sich durch die Anzahl der Knoten und Verbindungstypen, die zur Verfügung stehen und dadurch, ob ihnen eine formale Definition zugrunde liegt. [11, 7, 8, 6]

Die Abbildung 1.3 zeigt die Flugzeugflotte einer Fluggesellschaft. Es gibt hier Flugzeuge und Gates. Ein Flugzeug vom Typ Boing-747 hat verschiedene Eigenschaften. Und ein bestimmtes Flugzeug vom Typ Boing-747 hat eine Seriennummer und steht an einem bestimmten Gate.

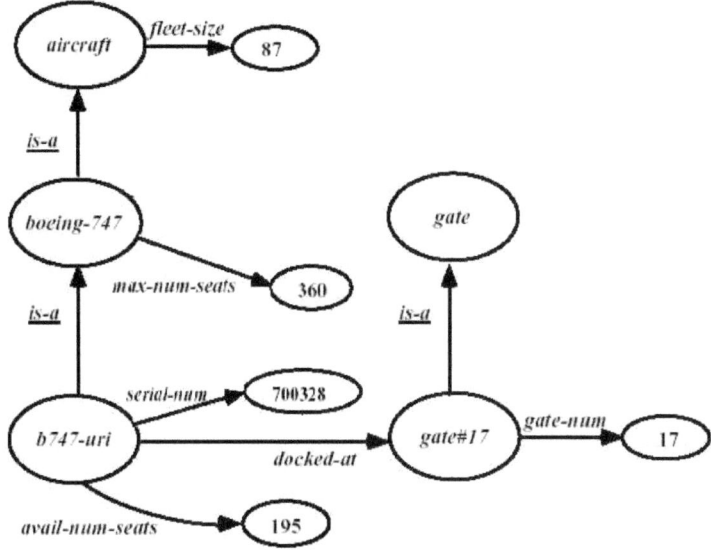

Abbildung 1.3: Das Konzept einer Boing 747 [8]

Die Objekte dieses semantischen Netzes können also je nach Formalismus fol-
gendermaßen unterschieden werden:

- Ein Objekttyp (auch Konzept oder generisches Objekt genannt) zB: boeing-
747

- Eine Objektklasse bzw. eine Menge von Objekten, z.B. die Menge aller
Flugzeuge vom Typ Boeing-747

- Ein Individuum, dh. ein einzelnes Objekt mit Objektidentität, z.B. B747-Uri
oder Gate Nummer 17,

- Ein Eigenschaftswert eines Objekts (oft ein sogenannter Erwartungswert),
z.B. die Zahl 25.

Ob ein Sachverhalt als Objekt oder als Eigenschaftswert eines Objekts abgebildet wird, hängt vom Kontext der Anwendung ab.

7

Kanten repräsentieren Beziehungen zwischen Objekten und es gibt je nach Formalismus folgende Arten von Beziehungen:

- Ein Beziehungstyp zwischen 2 Konzepten

- Eine Menge von Beziehungen zwischen zwei Objektklassen

- Eine Beziehung zwischen einem Konzept und einem Individuum (z.b. die Typzugehörigkeit IS-A)

- Eine Beziehung zwischen zwei Individuen

- Eine Beziehung zwischen einem Individuum und einem Wert (z.b. der Wert einer Eigenschaft des Individuums)

- Eine Beziehung zwischen einer Objektklasse und einem Wert (Eigenschaft der Klasse), z.b. boeing-747 fleet-size 15: es gibt 15 Exemplare von Boeing-747 Flugzeugen,

- Eine Beziehung zwischen einer Objektklasse und einem sog. Erwartungswert (engl. default value) für alle Individuen dieser Klasse, z.b. boeing-747 max-num-seats 360: jedes Exemplar einer Boeing-747 hat (in Absenz expliziter anderer Angaben) 360 Sitze.

[8]

1.5 Kriterien zur semantischen Beschreibung

Um Semantische Netze problemorientiert zu gestalten, müssen verschiedene Kriterien zur Modellierung einer solchen Wissensbasis befolgt werden.

Grundsätzlich kann mit den heutigen Mitteln jeweils nur ein kleiner Teil des menschlichen Wissens auf so eine Wissensrepräsentation gebracht werden. Dabei unterscheiden sich die Repräsentationen durch ihren Inhalt und ihre Formalismen anhand folgender Kriterien:

- Eine wesentliche Eigenschaft einer Wissensrepräsentation ist ihre **Eindeutigkeit**. Die natürliche Sprache wäre nicht eindeutig. Alle Sätze mit gleicher Bedeutung müssten nämlich einer Repräsentation zugeordnet werden.

- Die **Vollständigkeit** einer Wissensrepräsentation ist gegeben, wenn gewünschte Informationen aus einer endlichen Menge von Sätzen der Wissensbasis deduziert werden können. Das abgeleitete Wissen soll dabei nicht nur in der Wissensbasis erfüllbar sein, sondern auch für den Sachverhalt gelten, den die Wissensbasis beschreibt. Die Wissensbasis muss deshalb den Sachverhalt ausreichend beschreiben bzw. für den spezifischen Sachverhalt vollständig sein.

- **Breite** Wissensrepräsentationen behandeln einen großen Ausschnitt der Welt mit wenigen Details während **tiefe** Repräsentationen meist kleine aber dafür detaillierte Ausschnitte behandeln.

- Eine Repräsentation ist umso **dichter**, je mehr Beziehungen innerhalb einer Menge von Begriffen bestehen.

- Bei Systemen die entweder **Eingabe- oder Frage-gesteuerten** sein sollen, geht es darum, wann aus eingegebenen Wissensinhalten Schlüsse gezogen werden. Eingabe-gesteuerte Inferenzsysteme führen das unmittelbar nach der Eingabe durch, was den Nachteil hat, dass sehr viele Schlüsse gezogen werden, die später nicht mehr gebraucht werden.
Systeme mit frage-gesteuerten Inferenzen führen diese Prozedur erst dann durch, wenn die Schlussfolgerung gesucht wird. Probleme gibt es dabei wenn die gesuchte Eingabe schon zulange zurück liegt.

- **Uniforme** Wissensrepräsentationen verwenden für alle Inhalte einen einheitlichen Formalismus

- Die **Kontrollstruktur** legt fest welche Elemente die Inferenzprozesse aktivieren. Das kann das Programm selber steuern oder über Objektstrukturen für die Begriffe geregelt sein.

- Die Implementierung und Ausführung von Wissensverarbeitenden Systemen wird zumeist auf **seriell** Computersystemen durchgeführt. Es sollte aber beachtet werden, dass die menschliche Informationsverarbeitung **parallel** durchgeführt wird und die Inhalte nicht an einem abgegrenzten Ort gespeichert werden. [11, 7]

Kapitel 2

Netztypen

Semantische Netze wurden von Quillian 1968 vorgeschlagen und zur Modellierung der Bedeutung von Wörtern in einem Lexikon verwendet. Seither wurden viele Variationen von Formalismen entwickelt, die auf der Idee semantischer Netzwerke aufbauen: [11, 7]

2.1 Klassifizierende semantische Netze

Diese Art von Netzen geht davon aus, dass Begriffe mit den Wissenselementen verbunden sind, die sich auf einer höheren Abstraktionsebene befinden. In der Abbildung 2.1 wäre die höchste Abstraktionsebene der Knoten mit der Bezeichnung „Tier". Die verschiedenen Abstraktionsebenen werden auch Ebenen der Taxonomie genannt.

Die Informationen werden nach dem Vererbungsprinzip abgelegt und abgerufen. Ein Kanarienvogel ist beispielsweise ein Vogel und jeder Vogel kann fliegen. Da Vögel fliegen können, wird diese Eigenschaft beim Knoten Vogel abgelegt und nicht beim Kanarienvogel. So können Informationen ohne Redundanz abgelegt werden. Die Eigenschaften der Knoten werden über die Kanten mit den Spitzen verbunden. Die Kanten in vertikaler Richtung stellen „is-a" Beziehungen dar.

Das in der Abbildung 2.1 dargestellte semantische Netz wurde von Quillians und Collins modelliert. Es basiert auf Experimenten zu Sprachverständnis und Suchprozessen beim Menschen. Wenn beispielsweise versucht wird den Satz „Ein Kanarienvogel kann fliegen" zu verstehen und zu verifizieren, dauert das nach Quillian und Collins länger, als „Ein Kanarienvogel atmet" zu verstehen. Das liegt daran, dass der Mensch beim Kanarienvogel den Versuch beginnt den Satz zu verifizieren und dabei nur eine Ebene der Taxonomie nach oben wandern muss, um die Eigenschaft „kann fliegen" zu finden. Beim zweiten Satz muss hingegen zwei Ebenen nach oben die Eigenschaft gesucht werden, dass jedes Tier atmet und des-

Abbildung 2.1: Ein Semantisches Netz nach Collins und Quillian [11]

halb auch ein Kanarienvogel atmet. Aufgrund dieser Ebenenunterschiede dauert die Verifikation von Sätzen nach Quillians und Collins unterschiedlich lange.

In der Neurolinguistik gibt es heute noch weitere Erkenntnisse, die in diesem Modell nicht berücksichtigt wurden, wie etwa die Prototypentheorie. Dabei geht es darum, dass zum Beispiel ein Rotkehlchen eher der Gruppe Vogel zugeordnet wird als ein Huhn. Das könnte so gelöst werden, dass die Kanten für die Zugehörigkeit zu einer Gruppe gewichtet wird.
Ein weiterer Aspekt der sinnvoll wäre zu implementieren wäre, dass Vererbungseigenschaften negiert werden können. Denn obwohl der Großteil der Vögel fliegen können, kann der Strauss es trotzdem nicht. [11, 7]

2.2 Deduktive Netze

Bei diesem Ansatz geht es um die Äquivalenz von semantischen Netzen und einer prädikatenlogischen Darstellung. Dafür müssen aber 2 Voraussetzungen gegeben sein:

- Eine strikte Begriffsordnung für die Knoten muss eingehalten werden.
- In der definierten Netzstruktur muss Transitivität möglich sein.

Die Begriffe werden in dem Netz von Ero Hyvönen strikt nach substantivischen-, adjektivischen- und verbartigen Konzepten geordnet. Die Transitivität benutzt Hyvönen hier um den Schlüsse bzw Ableitungen zu ermöglichen. Einen einfachen Schluss zeigt Abbildung 2.2 Da Konzept 1 eine Untergruppe von Konzept 2

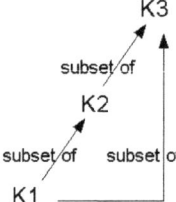

Abbildung 2.2: Graphische Darstellung der Transitivität in deduktiven Netzen

ist und Konzept 2 eine Untergruppe von Konzept 3 ist, schließen wir, das natürlich auch Konzept 1 Untergruppe von Konzept 3 ist.

In deduktiven Netzen werden im Unterschied zu dem klassifizierenden Netz von Quillians und Collins die Beziehungen bzw. Kanten in taxonomische und nicht-taxonomische unterteilt. Taxonomische sind dabei die „s" oder „subset of" Kanten, die zur Modellierung von generischen Konzepten verwendet werden und die „isa"-Kanten zur Darstellung von Indiviualkonzepten. Wie in der Abbildung 2.3 zu sehen ist, wäre ein Hund wäre zum Beispiel „subset" von Tier und der spezielle Hund Rex wäre über eine „isa"-Kante mit dem Konzept von Hund verbunden. Nicht-taxonomische Kanten beschreiben Eigenschaften, Kasus und Rollen von taxonomischen Knoten. Sie werden mit „kind",„goal" und „agent" bezeichnet.

Die Abbildung 2.3 zeigt die Unterteilung der Begriffe in Subjekt, Adjektiv und Verben. Die vertikalen Kanten bezeichnen die taxonomischen Beziehungen und die horizontalen die beschreibenden Kanten. Zwischen Wachhund (im engl. beagle) Hund besteht die Relation „subset of". Für den konkreten Wachhund Snoopy

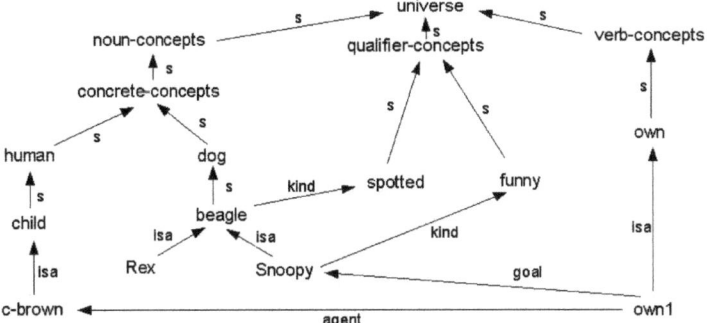

Abbildung 2.3: Semantisches Netz nach Hyvönen [11]

existiert die Relation isa. Zur Beschreibung der Subjekte haben wir Kanten vom
Typ „kind". Die Verb-Konzepte beschreiben die Rollen und das Ziel einer Handlung. Hier besitzt also „charlie-brown" Snoopy.
Das gezeigte Netz kann nun prädikatenlogisch dargestellt werden und direkt beispielsweise in Prolog implementiert werden.

- s(beagle,dog)

- isa(Snoopy,beagle)

- kind(Snoopy,funny)

- goal(own1,Snoopy)

- agent(own1,c-brown)

Hyvönen stellt nun drei Schlussregeln für die Vererbung im Netz auf, die auf
die Transitivität aufbauen:

- $s(x,y) \wedge s(y,z) \rightarrow s(x,z)$

- $isa(x,y) \wedge s(y,z) \rightarrow isa(x,z)$

- $isa(x,y) \wedge kind(y,z) \rightarrow kind(x,z)$

Die letzte Schlussregel wird in der Grafik dargestellt und verdeutlicht die Vererbung von Eigenschaften aus allgemeineren Konzepten bzw von Knoten die in
einer höheren Ebene der Taxonomie liegen. Mit diesem Ansatz können nun neue

13

Graphen und damit neue kürzere Repräsentationen von Wissen gewonnen werden. Dieser Inferenzmechanismus der durch die Transitivität und die Vererbung erreicht wird, könnte nun auch in der Prädikatenlogik modelliert werden und Techniken wie die Resolution verwenden. In der Literatur wird dabei aber öfters behauptet, dass graphenbasierte Inferenzmethoden zur Berechnung indirekter Oberklassen effizienter sind als die Resolution. [11, 7, 8]

2.3   Scripts

Der Begriff Script wurde von Raskin 1986 geprägt und ist dazu gedacht Wissen lexikalisch zu verwalten. Das Lexikon wird dabei aus Scripts aufgebaut, wobei jedes Script eine größere semantische Einheit beschreibt, die ein bestimmtes Wort als Kontext umgibt. Die semantischen Einträge sind durch semantischen Relationen miteinander verknüpft. Die Gewichtung dieser Kanten stellt nach Raskin den Grad der Verwandtschaft von Begriffen dar und wird in der graphischen Abbildung über die Länge der Kanten dargestellt. Die lexikalischen Einträge werden ebenfalls gewichtet.

Das abgelegte Wissen kann allgemeines Wissen einer Kultur, Wissen von kleineren Gruppen oder Wissen von einzelnen Individuen widerspiegeln. Die Summe aller Scripts einer Sprache könnten nach Raskin zu einem einzigen zusammenhängenden Graphen verbunden werden.

Die Abbildung 2.4 zeigt ein Beispiel eines Scripts das die Bereiche um „color" und „artifact" darstellt. Die Kanten stellen entweder sehr weit gefasste Kasus- bzw. Rollen-Kanten dar oder satzunabhängige Verbindungen zu anderen Lexemen (=Grundform eines Wortes bzw lexikalische Grundeinheit [1]). Die Gewichtung der Knoten und Kanten wurde hier jedoch nicht dargestellt.
Die Kante von „color" über Subjekt zu „artifact" und die Kante von „color" über „value" zu den verschiedenen Farben bedeutet, dass das Subjekt von Farbe ein künstliches Ding ist und eine Farbe verschiedene Werte annehmen kann.

Das Verständnis von Sätzen kann nach Raskin Information voraussetzen, die nicht über ein Lexikon abrufbar sind. Er zeigt dies an folgenden zwei Sätzen.

- A: John tried to eat his hamburger with a spoon but did not succeed.

- B: John tried to eat his hamburger with a fork and a knife but did not succeed.

Satz A wird jedem als sinnvolle Gegebenheit erscheinen, da mit einem Löffel normalerweise flüssige Stoffe aufgenommen werden. Schon üblicher ist es da einen Hamburger mit Messer und Gabel zu essen. Um diesen Unterschied bei der Verarbeitung der beiden Sätze zu erkennen sind nach Raskin folgende Scripts nötig.

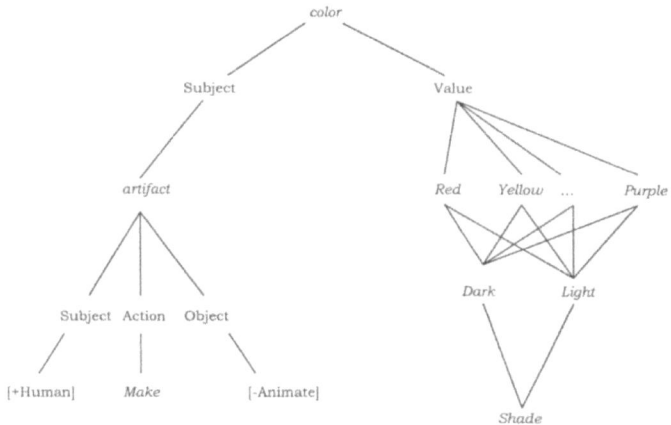

Abbildung 2.4: Ausschnitt aus dem Script-Graphen-System nach Raskin [11]

Mit dem Script aus Abbildung 2.5 kann nun über die Kanten zwischen „spoon" und „eat" und „spoon", „pour", „matter" und „eat" erkannt werden, dass mit einem Löffel nur Objekte gegessen werden können, die auch „geschüttet" (=engl.- "pour") werden können. Zusätzlich muss noch Wissen über Hyponyme 2.6 - das sind Oberbegriffe - vorhanden sein, namlich, dass ein Löffel ein Element des Bestecks ist. Aus diesen Scripten kann nun das Scheitern vom ersten Teilsatz aus A bestätigt werden.

Das Script aus Abbildung 2.7 repräsentiert die Begriffe die aus einer Oberklasse stammen, nämlich dem Besteck. Sie stellen hier Alternativen dar, einen Hamburger zu essen. Bei der Verarbeiten von Sätzen werden mit jedem Wort ein oder mehreren Scripten aktiv aus denen der semantische Inhalt bezogen wird. Satz B erscheint uns relativ zu Satz A weniger sinnvoll, da ja Burger mit Messer und Gabel gegessen werden können. Für letzteren Schluss wäre noch ein Script nötig, dass die Eigenschaften von Messer und Gabel beschribt.

Ein Einsatzgebiet des beschriebenen Beispiels wäre beispielsweise Roboter, der zu jedem Essen das richtige Besteck auswählt. In Hinblick auf die graphische Darstellung von komplexeren Sachverhalten werden Scripten jedoch zunehmend ungeeignet. Ein weiteres mögliches Anwendungsgebiet von Scripten wäre die Mustererkennung von Verhaltensweisen bzw. Handlungsabläufen in einem ein-

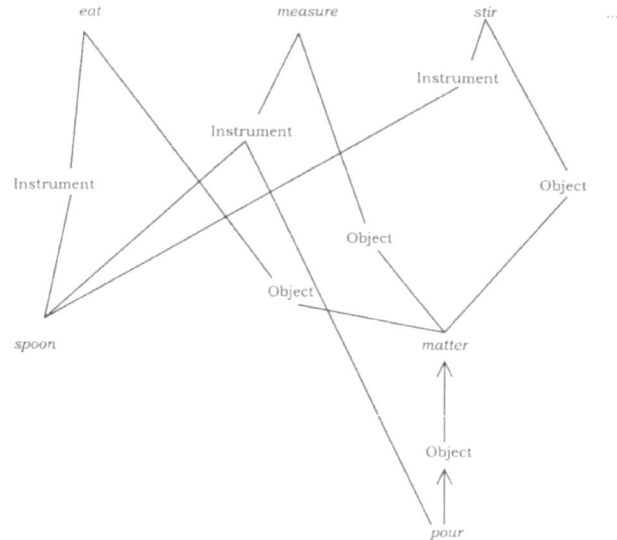

Abbildung 2.5: Graphische Darstellung des Scripts „Löffel" und damit essbare Stoffe nach Raskin [11]

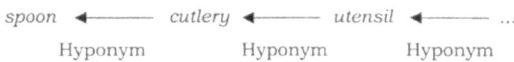

Abbildung 2.6: Einbettung von „spoon" in die Begriffsordnung [11]

Abbildung 2.7: Darstellung der Ko-Hyponyme von „spoon" [11]

geschränktem Bereich.[11, 7]

2.4 Prozesshafte Netze

Im Gegensatz zu den bisher besprochenen Netztypen führen Prozesshafte Netze Texte nicht in hierarchische Netze über, sondern repräsentieren ganze Sätze semantisch. Der Begründer dieses Netztypus Robert Alain de Beaugrande stellt den Satz „A great black and yellow rocket stood in a desert", wie in der Abbildung 2.8 ersichtlich ist, syntaktisch als Netz dar.

Die verwendeten Kantenbezeichnungen bedeuten

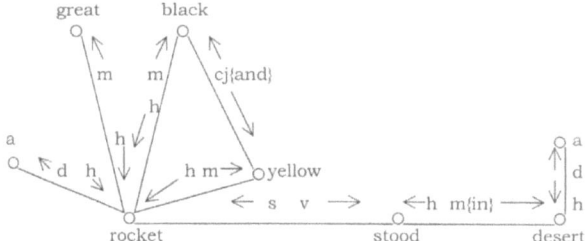

Abbildung 2.8: Netzdarstellung einer syntaktischen Struktur nach de Beaugrande [11]

cj für eine Konjunktion,

d für eine quantitative Spezifizierung eines Hauptworts,

h für eine allgemeine Zuordnung zu einer Oberklasse,

m für die genauere Spezifizierung eines Wortes,

s für die Relation zu einem Subjekt und

v für die Relation zu einem Verb.

Die syntaktische Darstellung des Satzes wird nun Abbildung 2.9 in ein konzeptuelles Netzwerk übergeführt. Die verwendeten Abkürzungen haben dabei folgende Bedeutung:

at („attribute of") beschreibt Eigenschaften einer Entität,

17

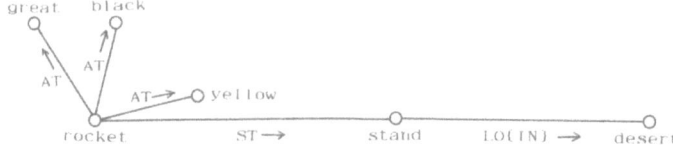

Abbildung 2.9: Ein Konzeptuelles Netz [11]

st („state of") zeigt den Zustand einer Entität an und

lo („location of") beschreibt den Ort einer Entität.

Beaugrande führt noch weitere Relationen ein, einige Beispiele davon sind:

qu („quantity of") zur quantitativen Beschreibung einer Entität,

sp („specification of") zur Spezialisierung einer Unterklasse,

eq („equality to") zur Beschreibung der Äquivalenz zweier Entitäten,

ag („agent of") für eine ausführende Entität und

mo („motion of") um den Ortswechsel einer Entität zu beschreiben.

Mit diesen Relationen können nun auch komplexere Sachverhalte erfasst werden, wie zum Beispiel diese Erweiterung des zuvor präsentierten Satzes zu einem Kurztext:

> A Great black and yellow V-2 rocket 46 feet long stood in New Mexico desert. Empty, it weighed five tons. For fuel it carried eight tons of alcohol and liquid oxygen.

Das Thema (engl. „topic") dieses Satzes ist „rocket", was in der Abbildung 2.10 daran ersichtlich ist, dass es mit allen anderen Entitäten verknüpft ist. Da diese Netze über die grammatische Struktur des Textes aufgebaut werden, weisen sie verglichen mit „traditionellen" semantischen Netzen relativ wenig Struktur auf und haben auch bei kurzen Texten eine hohe Komplexität. Eine Lösung wären Restriktionskonzepte in Verbindung mit einer reduzierten Anzahl an Kantentypen. [11, 7]

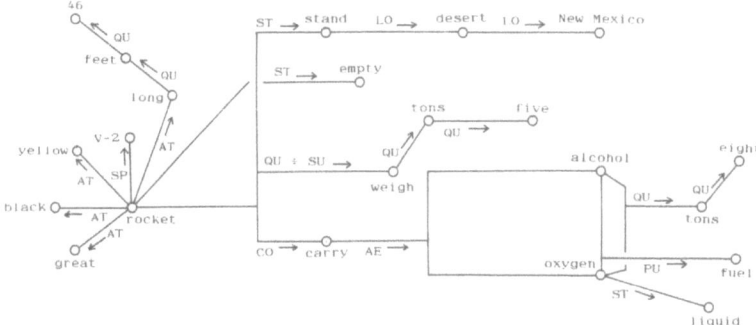

Abbildung 2.10: Ein komplexes konzeptuelles Netz [11]

2.5 Referentielle Netze

Christopher Habel hat referentielle Netze konzipiert um Textreferenzen über die Prädikatenlogik darstellen zu können. Die Netzstruktur wird über referentielle Objekte aufgebaut, die aus Sätzen extrahiert werden. Ein Objekt besteht aus einem Term für das Objekt und Formeln (Aussagen über dieses Objekt). Ziel dieses Ansatzes ist es Informationen aus Texten inkrementell aufzubauen und Anfragen an das System stellen zu können, deren Beantwortung aus einzelnen Textpassagen gezogen werden. [5]

r. 1 ——————— „Wolfgang"
ETA (x): lehrling (x)

Abbildung 2.11: Graphische Darstellung des Wissens über Objekte [11]

Die Abbildung 2.11 zeigt ein Beispiel für ein so genanntes referentielles Objekt. In diesem Netz wird das Wissen des Satzes „Wolfgang ist ein Lehrling" dargestellt. Der ETA-Operator (η) wird zur Darstellung der Entsprechung verwendet, was sprachlich durch den unbestimmten Artikel „ein" repräsentiert wird. Der Name Wolfgang wird als Konstante abgebildet. Das Referenzobjekt r.1 ist interner

Stellvertreter für ein Objekt der realen Welt und hat 2 Deskriptoren.
In referentiellen Netzen werden vier Typen von Termen verwendet.

Typ	SRL	natürlichsprachlich
Konstanten	Paul	Paul
Variablen	x	-
Funktionsausdrücke	vater-von(Paul)	der Vater von Paul
Deskriptionsoperatoren	IOTA x: verheiratet(x, Paul)	diejenige, die mit Paul verheiratet ist
	ETA x: schwester(x, Paul)	alle Schwestern von Paul

Tabelle 2.1: Die vier Typen von Termen nach Habel [11]

Die Spalte SRL (=engl. „Semantic Representation Language") der Tabelle 2.1 beschreibt die Terme in der Sprache der Prädikatenlogik, wogegen deren natürlichsprachliche Bedeutung in der dritten Spalte dargestellt wird. Durch Konstanten und Funktionsausdrücke werden die Objekte der Welt beschrieben. Die Operatoren IOTA und ETA werden gewöhnlich mit logischen Auswahlfunktionen interpretiert und dienen zur Beschreibung der Attribute des referentiellen Objekts. Ein Beispiel für eine solche ETA-Operation wurde bereits oben präsentiert.

Nun wird auf ein komplexeres Beispiel eingegangen, an dem zu sehen ist, wie ein Referenzobjekt aufgebaut wird und wie es dann „weitergereicht" wird. In folgendem Netz 2.12 wird der Satz „Wolfgang besitzt einen Terrier, der den Namen 'Ilse' hat und den er mit Schokolade füttert" dargestellt.

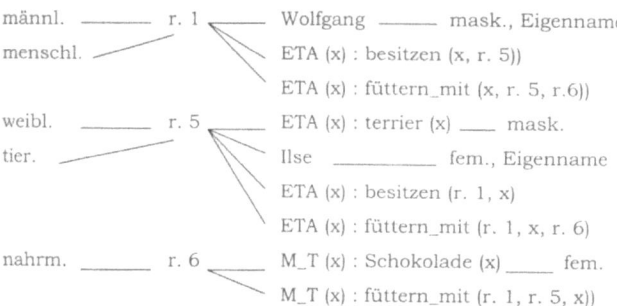

Abbildung 2.12: Referentielles Netz mit Attributen nach Habel [11]

20

Dieses Netz hat 2 Arten von Attributen, nämlich jene von Referenzobjekten selbst (zB:"belebt","menschlich" etc.) und Attribute von Deskriptoren zu den Referenzobjekten. Neben den bekannten Deskriptionsoperatoren gibt es in dem Beispiel auch den M_T (x) Operator zur Behandlung von Mengentermen.

Im Gegensatz zum Ansatz von Beaugrande ist dieser Netztypus formaler und damit besser maschinell umsetzbar. Ein Nachteil von referentiellen Netzen ist jedoch deren begrenzte Einsatzmöglichkeit bei vielfältigen Wissengebieten, die auch unsicheres Wissen beinhalten. [4, 11]

2.6 Netze mit semantischer Spezialisierung und syntaktischer Junktion

Begründer dieser Netze ist Udo Figge, der damit einen Prädikatenlogischen Ansatz verfolgte. Dabei wird ein Text aus semantischen Atomen und Verknüpfungen aufgebaut. Die mögliche Atome sind „Affiziertheit", „Aktivität", „Ausgesagtheit", „Assertiertheit", „Einzahligkeit", „Effiziertheit", „Negiertheit".

Die Verknüpfungen Vkx werden als Tripel dargestellt werden.

Vkx =: ¡a,b,c¿, c = kx(a,b)

Es gibt zwei Klassen von Verknüpfungen:

- Junktionsverknüpfungen Vgx

    1. und-Junktion Vgu

    2. aber-Junktion Vga

    3. oder-Junktion Vgo

    4. neutrale-Junktion Vgn

- Spezialisierungsverknüpfungen Vfx

    1. Agens-Spezialisierungsverknüpfung Vfa

    2. Patiens-Spezialisierungsverknüpfung Vfp

    3. Destinatär-Spezialisierungsverknüpfung Vfd

    4. Kausal-Spezialisierungsverknüpfung Vfk

    5. Zugehörigkeits-Spezialisierungsverknüpfung Vfg

    6. neutrale-Spezialisierungsverknüpfung Vfn

    7. lokale- und temporale - Spezialisierungsverknüpfung

Der Nutzen dieser Verknüpfungen kann am besten anhand eines Beispiels veranschaulicht werden. Nach Figges Vorgehensweise wird der folgende Text Schritt für Schritt zerlegt, sodass nur noch zweistellige Relationen, semantische Atome und einfache Bezeichner überbleiben.

> „Mein Vater wird mir einen Freund vorstellen. Aber der Freund interessiert mich nicht."

1. Mein Vater wird mir einen Freund vorstellen.

2. der Freund interessiert mich nicht.

3. Mein Vater wird mir einen Freund vorstellen

4. wird mir einen Freund vorstellen

5. Mein Vater

6. mir einen Freund vorstell

7. einen Freund vorstell

8. ein Freund

9. ein Vater

10. interessier mich nicht.

11. der Freund

12. interessier mich nicht

13. interessier mich

Der ursprüngliche Text besteht aus einer „aber"-Junktion von Satz (1) und (2). Satz (1) besteht aus (3) und dem semantischen Atom „Ausgesagtheit". (2) besteht aus (4) und dem Atom der „Zukünftigkeit". Bei weiterer Auflösung des Textes bleibt folgender Ausdruck über:

> ga(fn(fa(fn(fd(fp(Vorstellen,fn(Freund,Einzahligkeit)),
> Sprecher),Zukünftigkeit),fg(fn(Vater,Einzahligkeit,
> Sprecher)),Ausgesagtheit),Assertiertheit),
> fn(fa(fn(fp(interessieren,Sprecher),Negiertheit),
> Ausgesagtheit)),fn(Freund,Einzahligkeit&Bekanntheit)),
> Gegenwärtigkeit))

Dieser prädikatenlogische Ausdruck kann auch als semantisches Netz graphisch repräsentiert werden (Abbildung 2.13). Die Verben „vorstellen" und „interessieren" stehen als einfache Bezeichner in der obersten Ebene der Hierarchie. Der Bezeichner „Vorstellen" wäre nun beispielsweise über die Agenskante „fa" mit dem Bezeichner „Vater" verknüpft und drückt aus, dass „Vater" Agent für die Handlung „Vorstellen" ist. Über die Zugehörigkeitskante „fg" zu „Sprecher" wird spezifiziert, dass „Vater" im Bezug zum „Sprecher" zu sehen ist. Auf diese Weise kann die komplette Darstellung des prädikatenlogischen Ausdrucks bzw. der Netzdarstellung interpretiert werden.

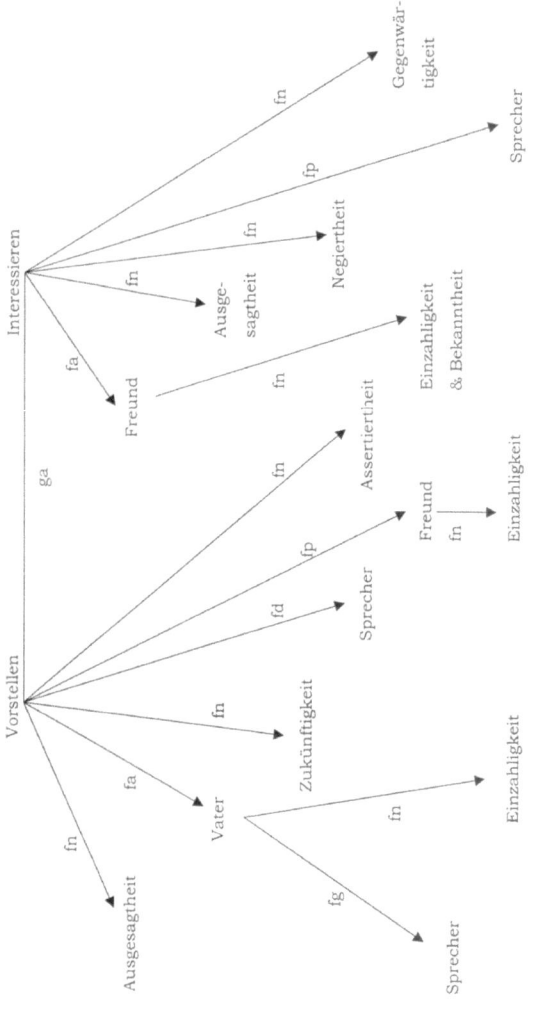

Abbildung 2.13: Darstellung eines komplexen Ausdrucks nach Figge [11]

Kapitel 3

KL-ONE ein semantisches Netz in der Anwendung

In diesem Kapitel soll auf ein System eingegangen werden, das einige der oben besprochenen theoretischen Ansätze zur Wissensrepräsentation sinnvoll in einer praktikablen Weise einsetzt.

KL-ONE Systeme wurden von Ronald Brachmann 1978 eingeführt. Sie basieren auf Logik erster Stufe und verwenden das Modell der Klassifikation. In dem System wird zwischen terminologischen- und einer zuweisendem („assertional") Wissen unterschieden. Die Sprache für terminologisches Wissen gilt immer für eine Klasse von Individuen. So beschreibt zum Beispiel die Phrase „eine schwarze, dreibeinige Katze" jede Katze, die schwarz ist und drei Beine hat.

Der Zweck einer zuweisenden Sprache ist Einschränkungen, die auf einen speziellen Bereich bzw. einzelne Individuen gelten, festzulegen.

Die Konzepte repräsentieren die Informationseinheiten des Systems. Sie werden in einem klassifikationsbasierten System in Taxonomien gespeichert. Der Konzept-Klassifizierer kann die Einordnung der Konzepte in der Taxonomie berechnen. Für Konzepte können außerdem Einschränkungen und Randbedingungen definiert werden.

Um die Wahrheitswerte des Systems zu bewahren („truth-maintenance"), prüft ein System, zu jeder Zeit alle Fakten auf Inkonsistenz. KL-ONE Systeme werden auch als in Logik implementierte Frame-Systeme charakterisiert. Die Konzepte stellen dabei die Frames dar, wobei der Vererbungsmechanismus sicher stellt, dass die Merkmale der Frames in der Taxonomie weitergereicht werden.[11]

3.1 KL-ONE Classic

In KL-ONE Classic wird Wissen in einer Datenbank abgelegt, die wie eine deduktive Datenbank behandelt wird. Es werden dabei 3 Arten von Objekten abgelegt:

Konzepte sind Beschreibungen, die mittels Komposition von deskriptions-formenden Operatoren gebildet werden können. Sie korrespondieren zu einstelligen Prädikaten.

Rollen sind 2-stellige Prädikate zur Beschreibung von Eigenschaften.

Individuen repräsentieren Objekte in einem bestimmten Bereich. Ihnen können Eigenschaften bzw. Rollen zugewiesen werden.

In Classic werden folgende Deduktive Schlussfolgerungen unterstützt:

Vervollständigung bietet die Möglichkeit aus Behauptungen über Individuen und Deskriptionen von Konzepten logische Konsequenzen zu ziehen. Die möglichen Arten der Vervollständigung des Systems sind,

> **die Vererbung**, die sicherstellt, dass alle Einschränkungen und Regeln der Konzepte auch an die spezifischeren untergeordneten Konzepte weitergegeben werden,

> **die Kombination** zur Verbindung der Einschränkungen von Konzepten und Individuen zu logisch engeren Einschränkungen verbunden werden,

> **die Verbreitung** um Behauptungen für ein Individuum auch auf andere verwandte Individuen zu übertragen,

> **die Kontradiktions-Ermittlung** zur Erkennung von Widersprüchen zweier Individuen,

> **die Ermittlung von unzusammenhängende Konzepte** um Einschränkungen für Konzepte zu eliminieren, die die Existenz aller Instanzen eines Konzeptes verbieten.

Klassifikation und Unterordnung :

> **Die Konzeptklassifikation** stellt sicher, dass alle allgemeineren und spezielleren Konzepte eines gegebenen Konzepts gefunden werden.

> **Durch die Individuenklassifikation** werden alle Konzepte, die auf ein Individuum zutreffen, festgestellt.

> **Die Unterordnung** klärt, ob ein Konzept allgemeiner ist als ein anderes.

Bei der Regelanwendung wird versucht, Schlussfolgerungen zwischen Konzepten zu finden.

Die Grammatik für Konzepte in Classic wird durch die Abbildung 3.1 beschrieben.
Konzepte können hier grundsätzlich in Dinge, in Klassen von Individuen der rea-

```
<concept-expr> ::=   THING | CLASSIC-THING | HOST-THING |
                     <concept-name> |
                     (AND <concept-expr>*) |
                     (ALL <role-expr><concept-expr>) |
                     (AT-LEAST <positive-integer><role-expr>) |
                     (AT-MOST <non-negative-integer><role-expr>) |
                     (FILLS <role-expr> <individual-name>*) |
                     (SAME-AS <attribute-path> <attribute-path>) |
                     (TEST-C <fn> <arg>*) |
                     (TEST-H <fn> <arg>*) |
                     (ONE-OF <individual-name>*) |
                     (PRIMITIVE <concept-expr> <index>) |
                     (DISJOINT-PRIMITIVE <concept-expr> <group-index> <index>)
```

Abbildung 3.1: Die Grammatik von CLASSIC [11]

len Welt und Host-Konzepte unterschieden werden. Host-Konzepte werden verwendet um Nummern und Strings in der Implementierungssprache LISP abzubilden. Sie besitzen keine Rollen.

Der „AND"-Operator bewirkt die Verschmelzung der Eigenschaften eines zweiten Konzeptes zu diesem.
Die „ALL"-Beschränkung legt fest, dass alle Individuen die eine Rolle des Konzeptes erfüllen, die angegebenen Bestimmungen des Konzepts im Operator erfüllen.
Die „TEST-C/H" Einschränkung gibt Tests vor die ein Individuum bestehen muss um als Individuum des Konzept zu gelten. Die Unterteilung des Tests in „C" und „H" gilt für „Classic"- bzw. „Host"-Konzepte.

In der Abbildung 3.2 wird das Konzept von Wein bezüglich der Kardinalität dargestellt. Die Eigenschaften wurden über die Operatoren „AT-LEAST" und „AT-MOST" beschrieben. Einzelne Individuen oder Konzepte können nun über die Verbindung solcher Konzepte beschrieben werden. So könnte beispielsweise Rotwein als Spezialisierung der Klasse Wein beschrieben werden, da er bis auf

WINE	
CONSUMABLE-THING	
color	1
body	1
grape	>=1
sugar	1
name	>=1
price	>=1
region	1

Abbildung 3.2: Festsetzung der Kardinalität [11]

die Farbe die gleichen Eigenschaften enthalten muss.[11]

Literaturverzeichnis

[1] WIKIPEDIA. http://de.wikipedia.org/wiki/. Begriffsdefinitionen.

[2] *WORTSCHATZ LEXIKON.* http://wortschatz.uni-leipzig.de/. Universität Leipzig, Institut für Informatik.

[3] AUERNIGG, FRANZ-JOSEF: *Semantische Relationen des mentalen Lexikons in einem psycholinguistischen Modell und in Semantischen Netzwerken*, 2004.

[4] HABEL, CHRISTOPHER: *Prinzipien der Referentialität. Untersuchungen zur propositionalen Repräsentation von Wissen.*, Band (Informatik Fachberichte Band 122 - Subreihe Künstliche Intelligenz). Springer Verlag, Heidelberg, 1986.

[5] HAENELT, KARIN: *Repräsentation von Textinhalten*, 1999.

[6] KIRCHNER, MARC: *Semantische Netze.* 2002.

[7] LEINFELLNER, ELISABETH: *Semantische Netze und Textzusammenhang.* Peter Lang GmbH, 2 Auflage, 1992.

[8] MARTI, R.: *Semantische Netzwerke und verwandte Formalismen*, 1994 - 2003. Wissensbasierte Systeme.

[9] PUNKT, NETSERVICES: *Semantische Netze im Wissensmanagement.* 2003. Anwendungen von Semantischen Netzen.

[10] ROEHM, DIETMAR: *Vorlesung Neurolinguistik*, 2004.

[11] WEIERMANN, STEFAN LUDWIG: *Semantische Netze und Begriffsdeskription in der Wissensrepräsenation.* Doktorarbeit, Institut für Germanistik, Salzburg, Dezember 1999.

[12] ZURHEIDE, SABINE: *Semantische Netze - GermaNet*, 2004.